が豊臣秀吉並びに家康と接見し、慶長九年（一六〇四）蝦夷地支配の黒印状を手に入れ松前家に改名して藩創設を成し遂げる。松前藩を創設した慶広は城下町松前からおよそ七〇キロ北の江差港を商港として、藩財政を賄う政策を構築してゆく。

JN068416

日本海航路の終着港

江差は、東国から更に海峡を隔てた北辺蝦夷地の港であった。日本海航路が経済の動脈として動き始めたときから北の終着港であった。

蝦夷地で生産される海産物から、原住民アイヌ民族の狩猟とアムール大陸（沿海州地方）地域の交易産物が江差港で取引された。それが蝦夷地を支配した松前藩の政策を背景に拡大されていった。

松前藩は石高のない大名であった。石高は領内の米の生産高で決められるが、米の生産されない蝦夷地では石高の決めようがない異質の大名である。津軽から敗走して蝦夷地に渡った当時の豪族が、米に代わる生産物として目をつけたのが、蝦夷地のヒバ材、海産物、それに金山、アイヌの狩猟であった。アイヌの交易はアムール大陸にまで及んでいた。

慶広が家康公に献上したという蝦夷錦の陣羽織はアムールで製作されたものだとい

う。これらの生産物が日本海を一枚帆で往来する北前船によって運ばれた。

　港町には花街が栄える。荷物や人を運ぶ船が出入りして、膨大な商取引が自然に花街をつくりあげていくのだろう。江差の花街も日本海航路の北前船が定着しはじめた十八世紀あたりから発生したようである。

　古い見聞記には「享保三年（一七一八）江刺町内に飲食店開業、影ノ町繁栄す」とあり、更に「文化四年（一八〇七）浜小屋開業す」と記述されている。

　江差は丘陵から急斜面が海岸に落ち込むような地形だから、海沿いの街道筋に回船問屋が連なり、飲食店や人家は坂道を登った丘の上にひらけてゆく。飲食店や茶屋は前浜を上がった切石坂や影ノ町からはじまるが、その後に開業する浜小屋にしても、記述の以前から商売していたことが窺われる。日本海を往来した北前船の取引が繁栄を極めるようになったころで、江差の入船七百、福山（現松前）三百、箱館二百「松前蝦夷記」（一七一七）の記録からも江差の入船が群をぬいている。遊女を抱える貸座敷や茶屋がいつから商売をはじめたか詳らかではないが、浜小屋が酒場や茶屋を始めるようになったのは文化年間あたりからだという。

　北前船の歴史は古く、荷所船（運搬船）から買積船（商船）として取引が定着するのは享保年間（一七一六～三六）という。松前藩領以北の蝦夷地に漁場が広がり、場所請負制によってニシン漁の生産が飛躍的に増加することによって、北前船の取引が定着してゆく。

国内における生活物資の需要を背景に、綿花、藍、べに花の工芸作物と米の生産が国内経済を支配するほどになって、蝦夷地のニシン粕肥料が増産に欠かせない商品として取引されていった。

北前船回航絵馬　姥神神宮蔵

江差港に停泊の北前船　明治年代
（江差教育委員会提供）

米の生産されない蝦夷地の松前藩は、商品価値の高い海産物から藩の税金を徴収する沖の口政策をとり、寛永二年（一六三〇）松前、江差、箱館三港に沖の口制度を敷き、蝦夷地で取引される全商品を三港に集約し、それから藩税を調達する。その役割を担ったのが藩の利権と結びついた回船問屋だった。回船問屋以外の取引、抜け荷は厳しく取り締まった。

沖の口制度の改革によって、回船問屋も再編され、商品取引、出船入船の口銭なども改変される。江差港の回船問屋（御用商人）は一三軒、その下役に小宿七軒が沖の口業務を取り扱う問屋となっている。問屋の数はその年代や商いの多寡によって多少前後したようで、また問屋の入れ替えもあったようだ。問屋株は御用商人として取引に結び付くことから、高額で取引されたという。問屋株の取得には経営手腕や財力は勿論だが、社会的信頼、人格も要求されたという。年代ごとの資料で調査された問屋は次のとおり。

別表問屋名簿（江差町史）

御用達　岸田三右エ門

問　屋　村上屋三郎右エ門

名達屋　名兵エ

江口屋重右エ門

越後屋専右エ門

竹屋　庄治郎

大黒屋喜右エ門

和泉屋弥市右エ門

飴屋　新七

甲屋　勘次郎

関川屋与左エ門

柴田屋与次兵エ

薩摩屋林右エ門

以上一三名（天保元年関川家日記）

廻船問屋の店前

廻船問屋旧中村家（国重要文化財）

花街の発生と成長は、北前船の交易を担った廻船問屋の膨大な取引を背景に港町の顔として定着してゆく。北前船の商取引が定着するのは享保年代からで、その取引が花街にどうかかわったのか廻船問屋の経営から辿ってみよう。

大手廻船問屋の資料では関川家と岸田家の文書が保存されている。

関川家は千石船から五〇〇石船一三艘・岸田家は同じく一二艘を所有した。

両家は北前船をそれぞれ一〇艘以上保有し、江差を代表する回船問屋であったから両家の取引から問屋の経営を推測できる。

北前船の経営は、特に蝦夷地で生産される海産物と寄港地の生産物を買い付けし大阪まで運ぶのが登り荷で需要地で販売、下り荷は、米、塩、みそ、醤油、酒類、衣料雑貨に、網、藁工品など生産資材を買積みして蝦夷地で商う取引である。

江差港から日本海の寄港地を経て大阪までの航海で、より安い相場の港で買い付けし、消費地で販売し利益をうる商法である。情報手段のない時代だったから遠隔地ほど利益を生む海路が有利だったようである。

「キ岸田三右衛門の手船栄寿丸の取引では、天保十三年（一八四二）八月の登り荷から翌十四年四月の下り荷の売仕切りを見ると次のようである。

九月九日　下関小倉屋　六両
十月十日から十六日　兵庫北風屋ほか
　一九五四両一分
二月二五日　大阪三原屋　三〇二両
二月二八日　兵庫北風屋　二七二両
二月　敦賀丸屋　一六八両
四月九日　出雲崎関東屋一五七七両
登り荷物売仕切
　総計　四、二七九両一分

この取引額は、栄寿丸の船頭吉太郎が一航海の商取引について、帰港後主人三右衛門に提出した「小遣帳」（現金出納）から売り仕切りを書きだしたもの。売り荷は鱈、羽鰊、鰊粕、白子などとなっている。栄寿丸は千石積みの大型船で、すべての船がこ

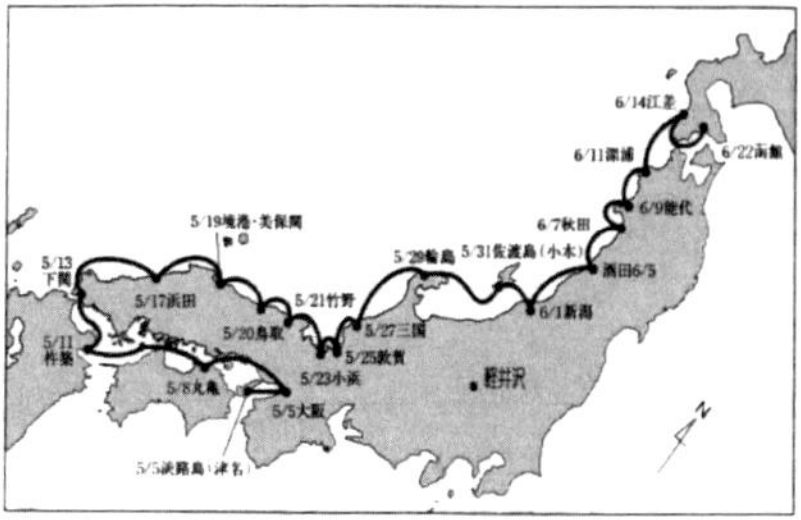

北前船、「辰悦丸」回航ルート

の売上げになるわけではないが、取引の一般的傾向として見ることができる。この売上げでは、本店の仕入れ価格がないのでどれほどの利益か分からないが、相当の利益であることが推測できるだろう。

慶応二年（一八六六）、関川家の手船「利宝丸」の勘定帳では一か年の航海取引の収支が報告帳になっている。これは一年中の買仕切り、売仕切り諸経費が船頭から店主に提出されている。しかしこの収支がすべての利益というわけではない。この買仕切りのなかには、本店で販売する荷物も残されているから利益は更に加算されることになる。

利宝丸の勘定帳でも年利益一千両余になっているが、下り荷の木綿は買仕切りだけで売仕切りがないから本店の販売によってさらに加算されるだろう。前述の岸田家栄寿丸の売り上げ取引から推測しても膨大な利益であることが窺われる。概略的な取引として北前船の一航海で一千両の利益があったという。蝦夷地の海産物の需要と、情報手段のない江戸時代、遠隔地間の市場価格で利益を生んだものだろう。

慶応2年12月（1866）　利宝丸勘定帳

積荷品目	買仕切	売仕切	利益
下荷木綿	369両3分		
壱番下荷	365両2分	394両3分	29両2分
壱番登荷	2338両3分	2427両2分	88両3分
秋登荷	1959両I分	3263両3分	1304両2分
雑収入			72両I分
年利分			1495両
船中経費			424両3分

江差港の回船問屋は、ニシン漁場の仕込みにより、漁場の全生産物を有利に仕入れ利益を手にしている。漁場の着業には船から網、番屋経費など多額の資金投資を必要とするが、これを現物仕込みや前貸しによりニシン粕、干しニシンなど生産物の全てを集荷する仕組みで、現物仕込みでも二重の利益を得ることができた。更に藩の利権とつなぐことによって、北前船の回船取引だけではなく、店頭販売から金融まで多角経営で利益を拡大していったのである。一航海で千両という利益もそういう経営が可能にしたのだろう。

回船問屋は数艘から大問屋は一〇艘以上の手船を抱え、年間二航海から三航海したというから膨大な取引だったことはいうまでもない。関川家、岸田家など大問屋の利益は、現在の換算でおよそ数十億円にも及んでいる。それは現在の江差町予算に匹敵する金額である。問屋株が一三軒、小宿七軒のほか一般の回船問屋二〇数軒というから、その膨大な取引は予想を超えるものだったろう。

江差港の海岸を埋める廻船問屋群　明治中期
（江差教育委員会提供）

海岸に面した廻船問屋ハネダシ
（昭和40年）

ハネダシから蔵が
母屋店まで連なる

江戸時代の花街

江差港においては回船問屋の取引に加えてさらに盛り場の料亭、遊廓、生活物資の小売商店、道具屋など予想できない賑わいだったに違いない。

廻船問屋の連なる津花岬から高台に上る切石坂周辺に盛り場がひらけ、更にその背後に影ノ町、喜楽町が伸びて、最初の花街ができてゆく。

海岸沿いの下町には、回船問屋や網元、商売が張り付いて、背後は崖が切り立って余地がなく、坂の上の台地に飲食商売が伸びていった。影ノ町は切石町の裏通りで、遊女町、歓楽街として発生した町だったから似合いの地名をつけたものである。その隣り合わせに喜楽町が並び影ノ町、喜楽町は遊女の歓楽街として賑わった。

切石坂から影ノ町には早くから茶屋や貸座敷など花街が賑わっていたが、雇い漁夫相手に出店する浜小屋などの繁盛につれて更に上町繁華街の拡張をねらい、切石坂から阿弥陀堂周辺の畑を切り拓いて門前町が造成された。

文政元年（一八一八）松前藩が栖原屋（栖原半助）伊達屋（伊達林右衛門）にお墨付きを与え、共同資本で造成した。敷地五千坪、建家百五十棟内二階造り十五棟、劇場一棟酒造り場一棟の茶屋街である。この茶屋街を津花町の質屋大阪屋源太夫に差配させたので源太夫町と呼んだ。後に上野浦町と改め、現在の上野町界隈の市街地になってゆく。

江差港の取引のめざましい発展がつぎつぎと花街をつくりあげていった。上町や源太夫町の花街は商家や船主、船頭の親方衆の贔屓とする料理茶屋で、影ノ町その裏の喜楽町は後家町とも言って私娼の小宿や囲い者後家の住む町であった。

浜小屋、輪通し小路は雇い漁夫や旅人など庶民の私娼窟で、上町の料理茶屋は親方衆が顧客の公娼街であったが、裏通りでは私娼も入り混じっていた。ニシン漁や北前船の取引を背景に江差港の花街が繁栄を極めていった。

ヤン衆の花街浜小屋

切石坂、影ノ町周辺に盛り場が増えても、春ニシン漁時期に押し寄せてくる大勢のヤン衆まではまかないきれなかったらしい。雇い漁夫や稼ぎの少ない下級庶民層には盛り場に出入りする余裕も乏しかったに違いない。それらのヤン衆相手に浜に莚張りの仮小屋出店を始めるようになった。それがヤン衆漁師や庶民の花街を形成してゆく。

鴎島に停泊していた北前船の船乗り相手に商いをはじめたという福田屋のお糸、お里の名が伝えられている。二人は夕方から小船を漕ぎ出してハンペン豆腐やそば、餡餅など売り出して人気をよぶようになった。船に寝泊まりしている船乗りたちには小船でやってくる女の子は格好の相手であったろう。

「おいねいちゃん、こっちに上がってこいよ。食い物だけじゃなく酒や肴もねぇのか、ここで一杯やろうや」

酒肴はいい商売になる。船乗りたちの注文でいい商いができるようになった。それがいい稼ぎだと知って、浜に小屋を張って出店を出すようになった。

浜小屋も最初はニシン場の漁師相手のそばやうどん、鍋物など飲食の屋台出店であったが、やがて酒場や女をおいて客をとらせる遊里茶屋になった。それがいい商売になるからどんどん増えてゆく。

三月のニシン漁時期になると秋田や津軽、南部方面から大勢の雇い漁夫たちがやってくる。江差の浜には小判の波がよせてくると噂されていたという。それはニシン漁と北前船の取引による景気だった。松前藩は場所請負制という政策で、日本海沿岸の余市、小樽方面まで漁場を拓いた。積丹岬までを中場所、岬から北の余市、小樽を奥場所と言った。中場所奥場所に向かう漁夫たちも一時江差に終結する。ヤン衆と呼ばれた雇い漁夫が江差の港にあふれ、浜小屋に殺到した。

宝暦三年（一七五三）に描かれた江差屏風（松前藩絵師小玉貞良作）は江差港が繁栄をきわめた黄金時代だといわれているが、土蔵づくりの商家や回船問屋が軒を連ね沖には北前船が帆印を掲げて停泊し、浜はニシン漁に沸いている。前浜の空き地には丸太を組み合わせた莚張りの小屋が立ち並び、小屋のなかには鍋が下がり女の姿も見える。漁場の空き地や土蔵倉の軒先で商いをする出店が急増していった。やがて小屋に女の娘をおいて客を取らせるような店もできて、小間物を商う出店が乱立し通路さえふさがるほどだった。商いが儲かるとなれば、なりふりかまわず群がってくるのが世情で、狭い前浜での小屋同士の競い合いで収拾がつかなくなった。安政年間(一八五五〜六〇)になってついに藩役所がのりだし、小屋から冥加金をとりたて地割りして取り締まるようになった。

浜小屋の地割りは僅か二間四方(三・六メートル)という狭いものだった。莚で囲った掘ったて小屋でせいぜい八畳間、仕切りをたてて客をとるにもままならなかった。ニシン場の最盛期に群がってくる客を捌ききれず、丸太杭を足場のように組み立てて、二階三階造りにして四階の小屋もあったという。客を蚕棚のようにあげて女をはべらせていたのだから、すさまじい。

この時期には、ニシン場景気を目当てに座頭《ざとう》や瞽女《ごぜ》など遊芸人も渡ってきて太鼓三味線が夜通し鳴り響き、江戸両国の夜見世にも劣らなかったと言う。莚張りの浜小屋では想像もできない賑わいだったに違いない。しかしこれほどの賑わいもニシン漁が終われればヤン衆も去り、七月北前船が出港した後は浜小屋も取り壊し浜から灯が消え

港前浜に並ぶ筵張の浜小屋（宝暦年間屏風　函館図書館蔵）

浜小屋の様子（屏風画）

ていった。

浜小屋の最盛期は文化四年（一八〇七）ころからで、当時小屋は百軒以上遊女は三百人もいたという。

幕府の巡検使や文人旅行の見聞記によると浜小屋が遊興の花柳街となってゆくさまが記されている。松浦武四郎の『再航蝦夷日誌』（弘化三年・一八四六）がつたえている。

「此処五月中旬より仮小屋を建て中遣船《なかやりぶね》の船を待ち、則此処より姥神町中歌町裏表二条出来る也。其店は酒屋、肴屋、小間物又茶店等也。何れの内にも妓を置て是を受るに其値、船の多く来る時は二貫文、三貫文にも上り、船なき時は六百文、八百文位也。…その間僅か百日に満たず、妓一人の稼二拾両、能稼げば三拾両、五拾両の高きに上ると聞けり実に海内無双也」

浜小屋の遊女たちは秋田や津軽地方から来るものが多く、貧しい農家の娘たちにとっては半年足らずで二十両、三十両という大金は大変な稼ぎであったに違いない。今の価格にすると一両は、およそ六万円から十万円ともいわれるから二百万円、三百万円という額になる。しかも遊郭など苦界に一度身を落とした娘たちは二度と社会に戻ることのできない苦境に縛られる。浜小屋の娘たちはこれだけの稼ぎをして親元に帰れるのだからこれほどの稼ぎはなかっただろう。浜小屋の稼ぎを目当てに江差に渡ってくる女たちが後を絶たず藩は入国禁止をしなければならなかったという。

浜小屋の立ち並ぶ前浜は、鴎島の対岸、津花から姥神神社前までの二百メートルほどの場所に限られていたから、この異常なほどの繁盛ぶりに影響され、街道から浜に下りる小路に船方や旅人相手の茶屋が店を張るようになった。

切石坂の下にの輪通し金屋という近江商人福原九郎兵衛の出店があって、この付近の小路三通りを輪通し小路と呼称した。小路は仮小屋ではなく、店を構えた茶屋で、この茶屋が上町の切石坂や影ノ町に続いている。浜小屋が季節的な私娼窟であったが、その後輪通し小路が年を通しての遊里となっていった。明治一七年（一八八四）には公娼許可となったが三年後には廃止されて影ノ町に移った。

つい最近まで切石坂下に茶屋の風情をとどめた二階座敷の店もあったがそれももうなくなった。

遊女の呼び名

茶屋、浜小屋に抱えられた遊女にもさまざまな呼び名（俗称）があって、江差では「雁の字またはがの字」と呼んだ。浜小屋や輪通し小路の女は「浜がの字」とか「アヤコ」とよんで下層の区別をした。船頭や船方は長期間に亘って航海し実家を離れるため、航海先で妾をかこうが、このかこいものを「後家」といった。このかこいものは夫と別れた寡婦ではなく、既婚せず船方の妾となっているいわゆる現地妻である。「雁の字」というのは、船乗りたちが船の上から女に銭差《ぜにさし》を投げ与えることで、それが空を飛ぶ雁の形に似ているところから、二百文を藁でつないだ銭差で身を売る女たちの呼び名になった。

港に船が入ると小舟を漕ぎ出して停泊する船に、はんぺん豆腐やそば、餡餅を商ううちに、色を売る稼ぎをするものもいて、これを「舟遊女《ふなまんじゅう》」と言った。

「アヤコ」とはこの地方の子供たちが遊ぶ布でくるんだお手玉のことだが、遊女が男をお手玉のようにあしらうところから浜小屋遊女の異名になった。

この種の遊女は江差に限らず、函館方面の下海岸からニシン場の沿岸に散在していたから、土地の地名や特徴を織り込んで遊女の呼び名が付られた。

記録から拾うと次のようなものがある。

・熊石関内、瀬棚、奥尻―横蚤
・七重浜―ハマグリ
・茂辺地―ホッチャレ
・札苅―ホヤ
・知内―鼻まがり
・積丹―七連《ななつら》
・美国―浜千鳥

（函館風俗史・神山茂著）より

松浦武四郎の紀行『西蝦夷日誌』（一八五〇年）に遊女の異名を数多く記述している。

〈江差、箱館よりきた七連《ななつら》という賤妓（遊女）がいる。蝦夷地では金銭の通用が少なく、ニシンで勘定しているが、五〇匹を萱で抜き干して一連という。それを七連で一夜寝ることからその名になったという。そのほか、熊石、泊川、相沼内、砂原、臼尻、川汲、尾札部の新鱈、ユウヲエの寄昆布、志海苔の昆布、知内の鼻曲り、木古内のハマナス、福島のゴショイモ、札苅のホヤ、泉澤の蕪、三谷のこだし（テンキ也）、当別のカジカ、茂辺地のホチャレ（悪き鮭）、富川のホッキ、有川の地煙草など、みな其処の産物を賤妓の名とせしもの也。そのほか大野の革足袋、森の早馬、鷲の木の陣羽織、落部の蒲脚巾《がまはばき》、これ皆北征の人、大野まで昔革足袋をひさぐ家ありし故求め、森は山中七里の早馬を雇故也。とそれぞれの理由を述べ、また箱館なる内間《うちま》の風呂敷というは、厳寒の地故、男女共秋冬春は布を角違いに折り被り歩き、辨天の車櫂とは自ら車櫂を掻きて船に行く故なずく。湯殿澤（松前）の薦被《こもかぶ》りは人目を忍ぶ意より取り、これらを総称して雁《がん》の字《じ》という。〉（磯屋領編より抜粋）

このように異名の由来まで詳細に述べて興味深い。これによると季節的ではあるが各地に遊里があったようである。

「蝦夷の江差へ身売りした娘が戻ってきたそうだ。それが大金稼いできたという話だ」

「前借で身売りした娘がか、そんなバカな話あるのがや」

身売りの小娘が金を持って帰郷するなど当時の世の中であるはずのない出来事だった。身売りの女たちは、苦界から抜け出すことのできないと言われた時代だ。江差港の浜小屋や茶屋で稼ぐ女たちは、ニシン場の漁が終われば、小屋をたたんでしまうから故郷に帰る女たちもいたに違いない。女たちの稼ぎは二十両、よく稼げば三十両というから、大金だったことに違いない。

「江差港の賑わいね、それは、それは大変なものだよ。とても話で分かるようなものじゃないよ」

ニシン場時期にきた旅芸人もそんな噂をしていただろう。

蝦夷地のニシン漁景気が、越後や秋田など日本海の港に噂を呼んでいった。噂が噂を呼ぶと言うのが世の中で、誇大な噂もあったろう。最北の蝦夷地という辺境だけにまるで異国の出来事のように、人々の興味をそそるのも当然だったに違いない。

遊女や後家たちは秋田、津軽方面から渡ってくる貧しい農家の婦女が多かったが、江差のニシン場景気でヤン衆男に劣らぬ稼ぎをしたようである。ニシン漁の賑わいを目当てに旅芸人や瞽女など太鼓三味線の芸で稼ぐもの大勢加わって、浜小屋でも芸達者なものが人気をよんでいた。料亭茶屋をはじめ浜小屋など花街の発展につれて、唄や三味線踊りなど芸を身に着けようとする風潮も芽生えるようになってゆく。料亭茶屋では座敷で芸者が芸を披露するが、浜小屋にも庶民相手の浜小屋芸者が人気を呼んでいた。親方衆の料亭茶屋から浜小屋に群れるヤン衆庶民まで、暮らしの中に芸文化が根付いてゆくようになる。北国の厳しい暮らしの中でそれだけが楽しみだったのかもしれない。やがて北前船の船乗りたちが運んだ追分節が、庶民や芸者が唄いはじめるようになって、北国の暮らしを織り込んだ江差特有の曲調ができていったのだろう。旦那衆の旦那節、芸者の艶節が新地節に、浜小屋ヤン衆の浜小屋節、馬方や職人の詰木石節などそれぞれの階層で唄われるようになってゆく。

浜小屋遊里の存在は、ニシン漁の北上にともない漁場地域に伝播したようで、明治年代には小樽港勝内、若竹町の浜辺に出店が群がったという。そこでは江差浜小屋の追分節の文句（作詞）が唄われていたという。

とめたとてどうせゆく人　やらねばならぬ
　せめて波風おだやかに
（お囃子）ハァー　投げれば立つよなドンザ（仕事着）着て
　石狩浜中ぶーらぶら　後から掛け取りホーイホイ

莚張りの仮小屋からはじまった浜小屋がやがて花街の原動力となって、芸能文化をつくりあげてゆくのである。浜小屋の発展を支えたのは庶民のエネルギーだった。富裕な商家ではなしえなかった庶民の暮らしに唄い込まれた喜怒哀楽の情念こそ江差追分の原点であろう。民族の心を惹きつける江差追分の謎がそこにあるように思う。

新地花街の形成

歓楽街は切石坂の上、その裏につづく酒田町、影ノ町そして新開地に造成された源太夫町が中心になっていった。この町筋には料亭、貸座敷、茶屋、酒屋蕎麦屋など遊郭から飲食の店が軒を連ね、源太夫町と影ノ町には芝居小屋が上演され一大歓楽街に変貌してゆく。ここは現在上野町公民館から切石坂をこえて橋本町スーパー周辺の一帯である。その頃の記録によれば、春から夏場の一時期には人の混雑で歩くこともままならず、落し物や履物を脱ぎ外すと拾うこともできなかったという。

ニシン漁と商取引の好景気で歓楽街の風俗が住民生活にも波及するようになる。

商人や船頭衆など富裕層は高級料亭に、漁師や職人旅人の下層庶民は浜小屋、安茶屋にと富裕層から庶民まで、身分に応じて歓楽街をもりあげた。その景気にのって一攫千金をもくろみ殺到する者たちの競い合いで争いが絶えない。町には人家も入り混じっており生活の秩序から風俗問題になって、治安上の問題から盛り場の移設が問われるようになった。

歓楽街が景気の好調でどんどん膨れ上がってゆく半面、風俗商売には抜本的な措置が迫られていた。

風俗商売の代表格は江戸吉原遊廓だろう。一般市民から隔離して吉原に廓を設け、いわゆる「吉原免状」幕府将軍直々の特権を与えたといわれる。士農工商の階層制度が厳しかった時代でも、廓に入れば大名も武士の権威も通用しない。人気を得た花魁太夫が最高権威を持つ別世界となった。吉原遊廓は別格としても、遊廓、貸座敷の風俗商売は一般市民から隔離しなければならない。

江差港の住民組織は問屋仲間による自治組織制度で行われている。それ故に盛り場の経営株も問屋仲間差配によっている。町の運営を支配する問屋仲間の豪商たちにとっても、風俗街の移転問題

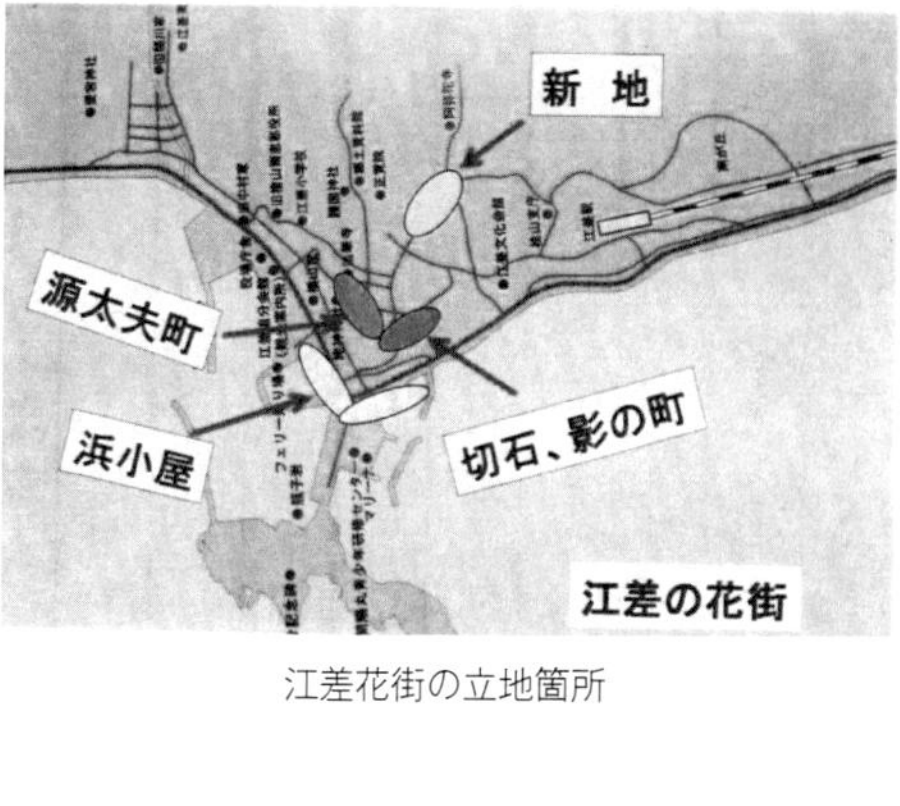

江差花街の立地箇所

は大きな課題だったに違いない。

歓楽街の世情不安に着目したのがかねて江差商権に進出の機会をもくろんでいた伊達屋、栖原屋の両豪商だった。松前藩とつながる利権を軸に再び風俗街の移転に乗り出した。

江差の問屋仲間にとっては、地元の商権にかかわる深刻な問題だったに違いない。先の源太夫町の新開地に継ぐ盛り場の造成である。地場の商権が大手資本に呑み込まれる危険を孕んでいたであろう。地場問屋仲間の資本力からすれば、両人の参入をできれば阻止したかったかもしれない。しかし先の新開地の進出といえ、松前藩とのつながる利権のかかわりを拒むことができなかったのではないか…。

天保十四年（一八四三）新地花街の新開発に松前藩の墨付きを得た伊達屋、栖原屋両豪商が参入した。源太夫町の新開地造成から三十年経過していた。切石町、影ノ町から新開地の源太夫町の遊廓、貸座敷、料亭三十数軒全部を移転する大事業である。地場商人商売の主流を占める歓楽街のすべてである。今でいうなら町の中心になっている商店街の大店舗が全く別の場所に移転し、空き家になってしまうという。移転する遊廓や貸座敷の店主にしても全く離れた場所にはたして客がよってくるのか予測できなかったであろう。江差にとっても町の浮沈をかけた画期的な大プロジェクトであった。

遊廓、貸座敷の集まる花街の特異事情から人家や市街地に置くわけにいかない。新たな花街の新開地は、問屋仲間で論議の上、茶屋頭取安宅《あだか》猪兵衛、岡本与右衛門を世話人とし、法華寺商店街のはずれ、賢光山の裾野に造成を決めた。賢光山の裾野は草深い原野で、奥は寅十郎沢から山地に続いて人家もない。全く隔絶された原野を新開地にしようというのだから、壮大な構想だったろう。

法華寺町のはずれ蓮場沼の入り口（現パチンコ店）から東へ二〇〇メートル七間幅（一三メートル）の大通りを中心に、その両側三十二区画の屋敷を町割りした。これが現在の新地大通りで、見事な町割り計画である。この辺は松の岱の山裾で草深い原野であったが斜面を削って整然した街並みを造成している。入り口にはしだれ柳を植え、これを廓門に見立て花街らしい風情を添え、大通りの奥には芝居小屋を据えている。これが花街の安宅座《あだかざ》で、芸能舞台の本拠となった。後に江差座、江差劇場とかわり現在のテーオーデパートである。三年後の弘化三年（一八四六）には三十二軒の妓楼、料亭、茶屋が勢ぞろいし新地花街と名付けられた。新地は花街の新開地で、大阪の北新地、博多の新地のようにいわゆる花街の代名詞でもあった。年に十数軒、見事な門構えの屋敷がどんどん新築されてゆくのだから、そのめざましい繁盛ぶりが想像される。

藩政からの助成があるわけもなく商人資本の自力でこれほどの町並みを形成できたのは、地場商人組織の経済力と経営手腕によるものであろう。

伊達屋、栖原屋の両豪商が盛り場移転に進出し、どれほどの分野を占めたのか記録はないが、地場商人が花街における個々の商権（店舗の経営権）維持に傾注したことが町史に語られて興味をひく。

「両家の商権獲得一連の手段として、松前西在郷の要衝、松前藩の台所といわれた、経済の中心地江差に対する進出の手段が、この市街における宅地の造成、花街の支配であったのである。しかしこれとても単なる地主、家主の域をでるものではなく、それを足場に江差在郷商人団の商権を切り崩すまでに至らず、例えば料理茶屋の屋敷建物は両人の所有であっても、茶屋経営の実権は江差商人の手にあり、抱妓《かかえぎ》の前借金、酒その他の仕入れなどはすべて江差商人の仕込みによるものであって、江差商人の牙城は微動もせず、商権拡大は失敗に終わる結果となるのである。（中略）

こういう結末を見たことはそれだけ在郷江差商人団の強力な団結のもたらすものと見ることができるであろう。」（「町史第五章藩政下の江差」より）

これによれば、花街の造成建設事業には参画したが、本来の江差の商権進出までにはいたらなかったようである。そこに江差商人の優れた英知があったのかも知れない。

歓楽街は大通りからさらに裏通りに拡大し、明治二五年（一八九二）には浜小屋と影ノ町遊里が、新地裏町の貸座敷（遊郭の店）に集約され、花街の活躍舞台となってゆく。

新地花街の移転再興は江差の芸文化創造にまで進展していった。

芸文化が創造した伝統芸能

江戸両国の夜見世、博多、大阪の新地、札幌のすすきの、どこでも街の顔は花街にある。歓楽街は町の発展に欠かせない宿命を担っているのかも知れない。

そういう取り組みがあったから、芸能が庶民生活に根付いて今日の伝統文化の数々を創りあげてきたのだろう。その時期、江差の歓楽街には旅芸人が群がって押し寄せるようになっていた。東北地方は、飢饉や凶作で餓死者が道端にころがっていたというのに、蝦夷地の江差浜には小判が打ち寄せると噂されていたらしい。ニシン漁のヤン衆たちが群がる浜小屋の景気がそう噂されたのだろう。

南部や越後から旅芸人や瞽女《ごぜ》たちが大勢きて夜通し太鼓、三味線の音が鳴り響き江戸両国の夜見世にも劣らない賑わいだったと、幕府の巡検視（役人）が伝えている。

それほどの景気だと言っても、裕福な暮らしのできる者は限られている。庶民にとっては、蝦夷地の冬を生き抜くことは死と隣り合わせの暮らしだったに違いない。

人々は生きる叫びを唄にこめて耐えてきたのだろう。そういう暮らしの叫びが、暮らしに根付き、やがて芸能文化を生み出してきたのだと思う。

江差で歌い継がれてきた芸能は数多い。その中でも、

江差追分節

江差三下り

江差沖揚音頭

江差餅搗きばやし

五勝手鹿子舞

の五つは北海道民俗文化財に指定されている。他に町が指定しているものも多い。

江差鮫おどり、土場鹿子舞、田沢鹿子舞、ほか江差口説きなどもある。

これらのすべては花街の芸能にかかわりを持っている。

数多い伝統芸能のなかでも、その知名度、曲調の影響力からみて「江差追分」は江差文化の代表格と言えるだろう。江差追分も花街の芸者たちによって歌い継がれてきた唄である。

追分節が正調江差追分として定着するのは明治の末であるが、以前は様々な節でうたわれていたという。その主なものに浜小屋節、新地節、詰《づめ》木《き》石《いし》節《ぶし》三派の流派があった。

浜小屋節は、漁師や庶民が浜小屋周辺で歌われた唄で、里菊と片桐マンという浜小屋芸者から村田弥六が修得したものだという。村田は佐渡の出身で、詰木石の回船問屋島瀬屋の手代だったが、後に浜小屋節の名手となって中央に進出、高位高官に追分を披露し賞賛され、追分博士とも言われた。

平野源三郎は、正調追分の名手として最初に東京に進出して江差追分を公演した歌い手である。彼は新地見番で芸者衆を仕込む常磐津の師匠小枡イク女から追分を習得した。

新地の料亭や妓楼で歌われた追分は、艶節とか旦那節ともいわれ新地節と呼ばれた。新地節の名手には料亭高砂亭の当主高野小次郎がいる。高野は大勢の弟子をかかえ江差追分会本部を組織、昭和七年（一九三二）、鴎島に記念碑を建立した。

もう一派詰木石派は馬方や車屋大工など職人たちが歌った唄だと言う。詰木石というのは町名で、現在の愛宕町界隈には馬方や職人たちが住んでいた。浜田喜三郎、館寿次郎などの名手がいてその代表が越中谷四三郎で、中央に遠征し活躍した。詰木石節が正調江差追分の主流となったといわれ、昭和一〇年（一九三五）追分祖師佐之市の記念碑を東別院に建立した。このように現在の江差追分が定着する以前に、追分節が花街の芸者たちによって歌い継がれてきたものだった。

追分節がいつから歌われたか定かではないが、北前船の船頭たちが、越後地方の港町でうたわれたものを伝えたという。江差港では沖仲仕の「天保問屋荷揚唄」に歌われた

「追分はじめは佐之市坊主
　芸者のはじめは蔦屋の亀子」

という歌詞を根拠に佐之市が祖師と伝えられている。

佐之市は南部地方から渡ってきた琵琶師の座頭だというが、実在の文献は見当たらない。美声の持ち主で酒席をにぎわし、北陸地方の謙良節や松前節などを取り入れて追分節を歌い始めたと伝えられている。民謡は庶民の口伝いに歌われてきたものだから、文献に記されることは稀である。

追分節の古い文献としては天保一四年（一八四三）、石見国温泉津港（現島根県太田市温泉津町）船頭嘉右衛門の『石州温泉津民謡書留』筆録である。唄好きの船頭が持ち歌を書き残したものであろう。

　いまのけんりょ節どこからはやる　えさしがの字はみなうたう
江差てるてる箱立（箱館）やくもる　はなのお城下雨がふる

港前浜で芸者衆の追分踊り　　明治中期

江差追分全国大会の盛況　昭和38年発足

江戸地（蝦夷地）下りに御神威なくば　つれてゆこもの江戸地まで
お志ま小島の間のる船は　えさしのぼりかなつかしや

松前、江差の地名や、歌詞の言葉も現在の唄に類似している。天保年代にはすでに歌われていたものだろう。
全国各地に分布する追分節の中で、江差追分が民謡界の頂点を極め、民族の心を惹きつけるまで洗練されたのはなぜか。北辺の厳しい風土で生き抜いた暮らしの魂が歌いこまれているからに違いない。花街の芸文化を背景に暮らしに根付いた息遣いが心を惹きつけるのだろう。

前述したように花街で歌われていた各派の追分節を伝授したのも花街の師匠たちである。
追分名妓の名をなした師匠も多く、新地見番支配の母小桝イク女、新地花街を統括した料亭五月楼の女将小三、小三に追分を仕込まれた蔦屋の丈八、甲子楼の蝶八、高砂亭の丸子、札幌ススキノ花街の追分名妓で知られた田沢ハツ女など数多い。

明治の末にニシン漁も北に去り、北前船の取引も陸路転換と大手資本の支配下に移り、町が不振に落ち込んだとき、江差追分で挽回しようと、各派の師匠たちが「正調江差追分」に統一したのが現在の追分節である。

江差三下りは追分の母唄ともいわれ、追分と一緒に主に花街の座敷で歌われた唄だという。優雅な踊りと一対で歌われてきたが、明治初期に歌舞伎役者中村梅玉丈が「道行姿」に振り付けた。その後花街芸者熊野リツ女の三下りが名人芸として注目され継承され、その後地元の歌い手近谷林三郎、土門譲などが受け継ぎ江差三下り保存会が伝承している。

ほかの伝統芸能にしても花街の芸文化から派生しているものが多い。

江差餅搗きばやしは江差の商家で正月を迎える餅搗きの慣習から発生した芸能である。廻船問屋の豪商など大店では年の瀬に、五俵一〇俵の餅を搗き披露する。店の若者や出入りの職人が集い、花街芸者も駆け付けて、三味線、笛、太鼓を合いの手に夜を徹して搗き上げてゆく。その生活慣習が芸能形式に伝承されている。

江差沖揚音頭はニシン場の労働形態を再現した芸能で、船漕ぎ、網起こし、沖揚げ、子（数の子）叩き囃子で構成、船頭の掛け声に応える若い衆の囃子声で演ずる力強い労働の唄である。ニシン漁が去ってから実業青年学校の若者たちが芸能化して伝承されている。

和人渡来最初の稼ぎ場だった檜山《ひのきやま》の山岳信仰から伝承された五勝手鹿子舞《ごかってししまい》は、杣夫集団「五勝手組」が母村の芸能を五勝手地域で受け継いでいるほかにも、土場鹿子舞や田沢鹿子舞など流域集落に伝承されている。

このように江差に数多い伝統芸能が受け継がれてきたのには、花街の芸文化が庶民の暮らしに根付いていたからに違いない。暮らしの中に芸文化がなければ労働から歌や踊りを創り出し磨き上げることができないであろう。

花街の芸文化を支えたのは芸に秀でた師匠と芸を身に着けた芸者たちであろう。江差の芸者は格式が高いと一目置かれる存在であった。

江差港は北前船交易で開けた蝦夷地における花街の先進地であった。特に京大阪の上方文化や日本海文化が花街の芸文化生成に影響したと考えられる。

昔の風習で知られるのは、良家の娘たちでも幼いころから師匠について唄や踊り、三味線など手習い芸を身に着けることに熱心だった。女の子は芸者に仕込むという風習が江差芸者の芸に品格を備えて評価されたのだろう。

江差では江戸歌舞伎が、一か月上演していたというほど鑑賞する生活風習があったという。それは北前船の交易がもたらしたもので、京大阪または江戸の芸文化が定着

江差餅搗きばやし（追分会館提供）

江差沖揚音頭　（追分会館提供）

五勝手鹿子舞（追分会館提供）

江差三下り　（追分会館提供）

郵便はがき

料金受取人払郵便

新宿局承認

7552

差出有効期間
2024年1月
31日まで
（切手不要）

160-8791

141

東京都新宿区新宿1－10－1

（株）文芸社

愛読者カード係 行

ふりがな お名前			明治　大正 昭和　平成　年生　歳	
ふりがな ご住所	□□□-□□□□		性別 男・女	
お電話 番　号	（書籍ご注文の際に必要です）	ご職業		
E-mail				
ご購読雑誌（複数可）			ご購読新聞 新聞	

最近読んでおもしろかった本や今後、とりあげてほしいテーマをお教えください。

ご自分の研究成果や経験、お考え等を出版してみたいというお気持ちはありますか。

ある　　ない　　内容・テーマ（　　　　　　　　　　）

現在完成した作品をお持ちですか。

ある　　ない　　ジャンル・原稿量（　　　　　　　　　　）

書　名				
お買上 書　店	都道 府県	市区 郡	書店名	書店
			ご購入日	年　　月　　日

本書をどこでお知りになりましたか?
1.書店店頭　2.知人にすすめられて　3.インターネット(サイト名　　　　　　　)
4.DMハガキ　5.広告、記事を見て(新聞、雑誌名　　　　　　　)

上の質問に関連して、ご購入の決め手となったのは?
1.タイトル　2.著者　3.内容　4.カバーデザイン　5.帯
その他ご自由にお書きください。
(　　　　　　　　　　　　　　　　　　　　)

本書についてのご意見、ご感想をお聞かせください。
①内容について

②カバー、タイトル、帯について

弊社Webサイトからもご意見、ご感想をお寄せいただけます。

ご協力ありがとうございました。
※お寄せいただいたご意見、ご感想は新聞広告等で匿名にて使わせていただくことがあります。
※お客様の個人情報は、小社からの連絡のみに使用します。社外に提供することは一切ありません。

■書籍のご注文は、お近くの書店または、ブックサービス(☎0120-29-9625)、セブンネットショッピング(http://7net.omni7.jp/)にお申し込み下さい。

したことによるものだろう。江差で興行する役者のうち、江差に愛着しあるいは芸者に惚れ込んで住み着く者もいて、芸が伝授される風習も生まれた。江差追分踊りも歌舞伎役者が振り付けしたものを座敷でおどるようになったと言われ、その格調の高さが評価されている。

江差に住み着いた歌舞伎役者は、市川錦蔵、中村角蔵、市川延若、中村かをるなどで、義太夫語り鶴岡喜録太夫（大阪屋慶蔵）は江差に住んで三味線の張替えをしたという。

歌舞伎役者を惹きつけるほどの芸文化があったのではないか。

明治以降には新地裏町界隈に三味線や踊りなど芸を仕込む師匠たちが稽古場を構え、それぞれの町内で、子供たちにも手習いさせていた。

また最近では追分三味線伴奏を定着させた師匠近江タキ女の功績も忘れられない。

明治から大正にかけて、不振に落ち込んだ江差の復興をかけて、中央に遠征活躍した追分師匠は平野源三郎、村田弥六、越中谷四三郎などである。

なかでも民謡歌手として中央民謡界に進出した浜田喜一は「江差追分の浜田」一門三〇〇〇人の後援会を組織し一世を風靡した。浜田後援会連合では江差追分会館に舞台緞帳を寄贈し、浜田喜一師の銅像を鴎島に建立功績を讃えた。

追分伴奏尺八曲の先覚者として活躍した鴎嶋軒小路豊太郎翁の石碑が並んで立つ。

江差町内では、新地節派の「江差追分節之碑」が鴎島に、詰木石節派の「追分祖師佐之市之碑」が東別院墓地に、また「江差追分の里歌詞碑」が追分会館前に建立、地域文化として追分節を顕彰している。

明治から大正の花街

明治の中期以降、ニシン漁も徐々に不漁に傾き、更に北前船の取引も落ち込んで、浜小屋や影ノ町遊里も姿を消してゆく。

前述したように江差では歌舞伎を鑑賞する生活風習があって、花街の芸文化が定着したのだろう。花街の景気に陰りが見えても、芸風習は変わることなく続けられていた。

歌舞伎役者には江差を好んで滞在する者もいて、見番の芸者衆に歌舞伎を仕込むようになって、芸者歌舞伎が上演された。

花街には見番の芸者衆や幼い子供たちに芸を仕込む師匠たちが、大勢稽古場を開いていたが、中でも特に名のある師匠がいた。

常磐津師匠の岸沢式久（本名牧野ヒサ）は阿弥陀寺僧侶の長女で芸と人格の高さから山のお師匠さんとあがめられた。最初は蔦屋から芸者に出たが、三味線の見事なことは一流といわれ、師匠になってからは常に五、六十人の弟子を抱え、きびしい修業で子弟を鍛え育成に尽くした。大正九年没（七六歳）死にさいしても、後継者の一番弟子（小岸）に「通夜の晩は、小岸が音頭を取り弟子参列者で将門をうたうように」と遺言し、四十余人の弟子によって歌われたという。

㈢近江の師匠（常磐津、唄、踊り）は役者と結ばれ三味線の名手で美声、今のおばさんと親しまれた。

大丸みつ（義太夫、踊り）大二のお師匠さんと呼ばれ、父親が義太夫を語り娘が三味線を弾いた。上田いしは踊りの師匠で明治四年（一八七一）頃、駅逓が橋本町に移り四等郵便局になった最初の郵便局長畑中半右衛門の娘であった。

田井中とめは芸名留八、㈢甲子楼主樋川イサの妹、諸芸に通じ義太夫、三味線を得意とした。

米沢屋の師匠歌吉（本名浅妻うた）は三味線に踊り、長唄、太鼓、鼓、鳴り物一切に秀で、関長の師匠は踊りで、ほかに長唄の師匠は六軒あった。

熊野りつは熊石出身、美声で座敷唄、端唄を得意とし、三下がりの名手として注目されのちに小樽に進出した。

夜通し太鼓三味線の賑わいが絶えなかった繁盛の浜小屋、影ノ町、新地花街も、明治維新の変革で武士からの転職など様々な移り変わりの動向を「江差花柳歳時記」（簗瀬仁右衛門著）が伝えている。料亭、貸座敷の店の特徴から商売のやり方、店主女将の行動までか語られている。その記述から当時の花街事情を辿ってみよう。

明治三四年（一九〇一）新地の戸数一六八戸、裏町一〇一戸このうち妓楼一三軒娼妓（遊女）三五名多い時は七〇名にもなった。料亭は一七軒に及んだ。

主な妓楼は、鴎楼、小南楼（南部屋）、竹梅楼（入升）、都楼、西照楼、栄玉楼、松月楼、酔月楼、豊月楼など。料亭は新地の入り口に五月楼その隣に鰻のかば焼き店五色楼、ヤマ森堂田料亭は洋食で評判高く、金万楼は三階建で、蕎麦屋を兼ね酔客はとらぬと言う淡白な店構えが好まれた。料亭「凱旋亭」は当時としては珍しい洋風料理が評判だったが、この主人は日露戦争従軍の軍人で、乃木大将の馬丁だったことから凱旋を店名にしたという。松家は小杉屋の楼屋を引き継ぎ広大な客室を構え、金川と菊家は鶏料理の専門店だった。ほかに「いろは」、「三甲子楼、カネ又、勝見、カネ川などの料亭があり、蕎麦屋も数多くあった。

花街では見番支配が芸者の派遣を取り仕切っていたが、明治一九年（一八八六）には公認制度が設けられた。

芸者は五〇名から七、八〇名が見番に籍をおき、ほかは店の抱えで自前の芸妓は少

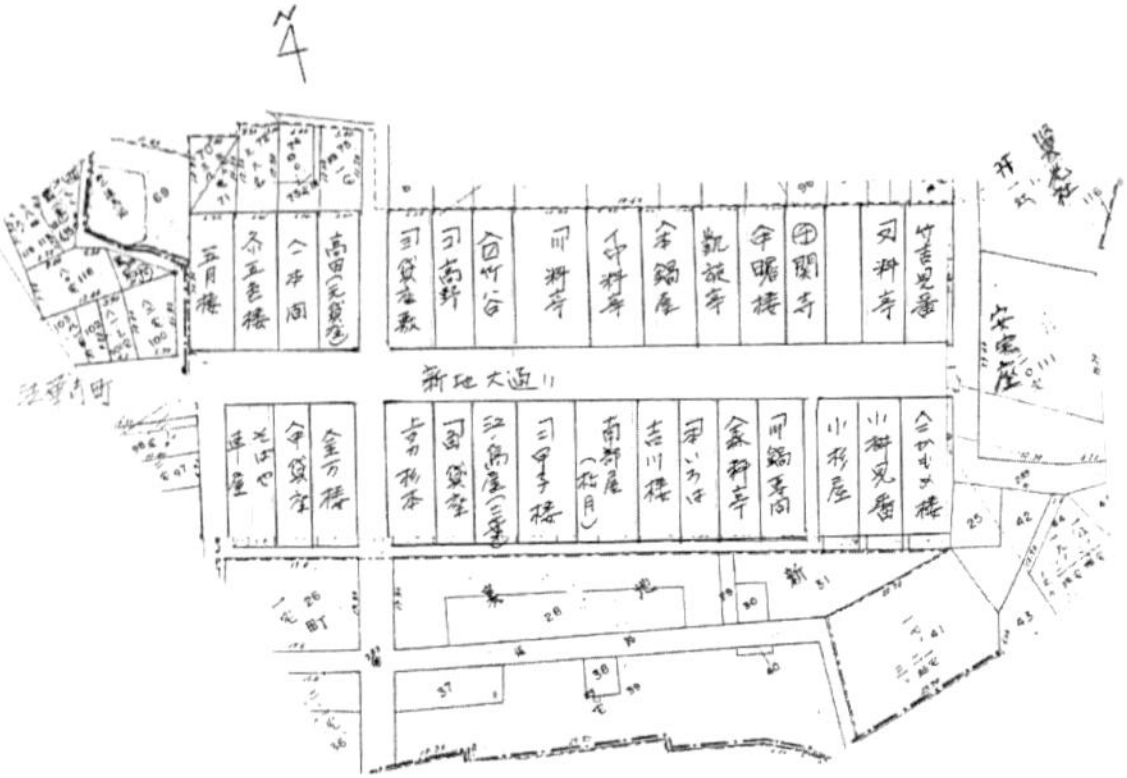

新地花街家並み図　（鈴木富貴作図写し）明治30年代

なかった。芸者は地元か近隣のものが多く、よそからきて稼ぐ者はまれであった。

芸者は半玉（見習い）のころから唄や踊り、三味線の芸を仕込まれ、芸を積んで座敷に出るのは十七、八歳ごろからで「一本」と呼ばれて見番に登録して座敷をつとめた。一本に出る前の半玉は一〇人くらいいた。

明治中ごろから末にかけて芸者の線香代は、二十分で一本三十銭、半玉は十五銭、すくないものでも一人二十本から三十本稼いだ。（明治三〇年代米一俵六〇キロ四円二〇銭）

乙部、熊石、久遠方面のニシン場の親方衆が新地花街にくると、二日三日と泊まり込みで芸を楽しんだ。

花街の顧客は大手商人や北前船の船頭船乗りたちで、贔屓の料亭で商取引を行い、芸者衆の接待で慰労した。一方、料亭や芸者も大手商人や漁場の親方衆には、盆暮れのあいさつ回りを欠かすことなく、店の行事には出向いて応援を惜しむことがなかった。今に伝わる伝統芸能の江差餅つきばやしは、年の暮に贔屓商家の餅つきに出向いて、芸者衆が太鼓三味線で景気づけした風習を伝えている。

このころの花街の贔屓筋勘定は、すべて付で、精算支払は盆と暮の二回だったという。旦那衆の遊びの通帳と商用の通帳二通り備え付けていたというから優雅な風情であったろう。取引にも遊びにも信頼関係がなりたっていたのである。この風習は戦後も続いて、江差の商家は掛け売り本位の高値で、サービスにかけると掛け売り慣習が批判された。

江差の花街も明治新政府の時代になると、北前船の取引も徐々に落ち込み、好景気に陰りが見え始める一方、藩政の武士社会から新政府に変わり、花街にも武士商法が進出するようになって型破りの商いもあった。

新地花街に料亭五色楼を開店した松前藩の弓道師範山口惣七は「酒はたしなむべきもの」という私情で、客に銚子三本以上は出さないしきたりを固持し、花街の大尽といわれる豪商でも言い分を聞かず追い返したという話が伝えられている。酒で商売する店が客の注文に応じないというのだからまさに武士商法の典型と言うべきか…。この料亭の姉妹芸妓姉茂吉、妹三勝は評判の名妓で人気を呼んだというから武士商法もまかり通ったのか。姉の夫柴田欣兵衛は新聞記者から脚本家となり、後小樽に出て、北海タイムスで柴田如峰記者として名をなした。妻茂吉は義太夫三味線師匠の活躍が知られている。

花街にまつわる話題は数多い。

松月楼主となった松井利三郎は、東京から函館に来てランプ商売を始め、江差に売り込みに来て、江差芸者と世帯をもって楼主となった。姥神神宮の祭典では各町内の山車同士の言い分で争うことが多いが、利三郎はもろ肌を脱いで道に座り込み言い分を通す侠客気質であったらしい。明治三〇年（一八九八）ごろ江差の有志が建てた洋風建物で、西洋料理をはじめ、政治家松方正義や原敬を接待し評判を呼んだという。それが鴎島を一望する元公民館の建物で、松方さんが「対鴎館」と命名したという。利三郎の娘ハルは、札幌に出て晩年にいたるまで小唄師匠胡雄で知られた。

利三郎の松月楼を譲り受けたのは抱山財閥の二男岸田宇三郎である。花街の入り口で五月に開業したので五月楼と名付け、新地花街頭取として取り仕切った。五月楼の女将小三（岸田シゲ）は新地きっての名妓といわれ、小三の新地節は二上り調で群を抜いた歌い手であった。

（追　分）鳥も通わぬ八丈ケ島へ
（二上り）やらるるこの身はいとわねど
　　　　後に残りし妻や子が
（追　分）どうして月日をおくるやら

二上りの絶妙な節回しで聞く人々を魅了した。

名妓小三が小娘芸者のころ佐平治町の鰻の蒲焼店鈴木吉五郎のもとに預けられていた。この鰻屋も松前藩弓道師範の養子で、その孫が後の桧山支庁長鈴木吉蔵である。五月楼の女将小三が、支庁長の祖父母のもとで働いていたという。小三が小娘のころ網元の子を宿したことで、吉蔵の母富貴が網元親方に認知養育させたという逸話を吉蔵が地元誌に載せている。吉蔵の母、鈴木富貴が明治三〇年代の花街の配置図を残している。小三の名妓逸話は今も伝えられているが、蔦屋丈八に追分を仕込んだのも彼女だというから興味がつきない。

花街を支えたのは廻船問屋の豪商や網元の親方衆であったが、前記「江差花柳歳時記」では花街贔屓の旦那衆の唄や踊り舞台芸まで、粋な行状を伝えて興味が尽きない。

花街では芸者と愛人のかかわりを持つのが男の甲斐性といわれ、公認された社会環境だったから、旦那衆は人気芸者を射止める力量が自慢だったのだろう。

花街を支えたのは大店の紳士関川精一郎、森野喜作、村田勘次郎、西谷嘉右衛門、大橋藤作をはじめ唄のうまい山田喜代治、花街を楽しんだ医師浅井清規、毛利太郎、江口章太郎など多彩な粋人たちがいた。中には大店の問屋で花街におぼれ芸者と道連れして世を送った人もいるという。

江差の紳士仲間の交際グループに弥生会、若者仲間にはドラ団があった。どちらも色恋抜きで芸者遊びを楽しむという仲間で、十数名で料亭を巡り歩き夜を明かすこともしばしばあったという。

元料亭松月の隣にあった貸座敷「吉川楼」は橋本町に移転して大正の初期毛利病院（院長毛利太郎）に改築、後に滄風寮、奥尻寮として利用されていた。二階に上がる幅広い階段が往時遊里の面影をとどめていた。花街最後の料亭だった松月の屋敷も大手資本の手にわたり取り壊された。

明治の末にはニシン不漁が続き、大正二年を最後に江差の浜からニシンが消え、町も不況に落ち込んでいった。かつて賑わっていた影ノ町や切石の料亭や貸座敷が不況の嵐のなかでどんどん取り壊されていった。広大な料亭の屋敷には「建物割税」が課税され高額な税負担に耐えられず、苦肉の策で屋敷を叩き潰し、町が消えてゆくという惨状であった。屋敷跡に雑草が茫々と生え人っ子一人通らないさびしい町の道端に、車井戸の屋根囲いだけがポツンと姿をさらしていた。

一九〇七年（明治四〇）函館に大火災があって二四〇〇軒が焼失する災禍があった

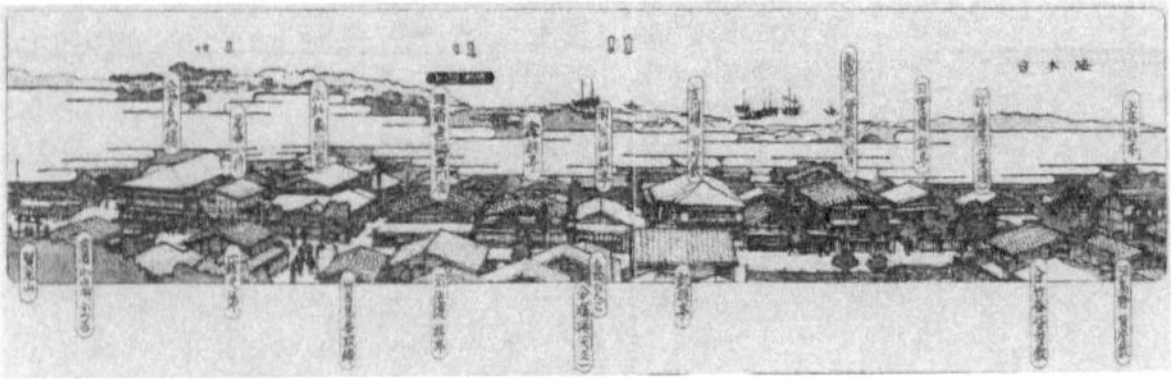

新地花街の料亭家並み　明治時代（今村敏明画）

新地花街町並み　大正年代（追分会館提供）

が、このとき建物を解体して発動機船に積み込んで函館に運んだと言う。税金で四苦八苦していた料亭などはこの災害に救われたのかも知れない。

ニシン漁の不漁は明治の中ごろから見え始めていたが、花街は新地に集約されたこともあって賑わいが続いた。花街の大通りは、法華寺町のはずれから二〇〇メートル、道幅一三メートル、両側には料亭、遊廓が並び、花街を舞台に芸者衆の唄や芝居などいろいろの催しをしたようだが、この通りで競馬が年中行事という。一三メートルの道幅でどのように馬を走らせたものか…。

明治三一年（一八九八）八月六日の「江差臨時大競馬会」の広告によれば八月九日一〇日と二日間行われている。会則を決め会長、審査委員長など役員を選んで、一日一二回の競争で賞金（一〇円より最高三五円）から懐中時計、反物等の賞品をかけている。

「競馬場ハ一回三百三十間（六〇〇メートル）ニシテ競争ハ右回トス」とされている。「歩ビ（ダク）」と「駆」二種の走法が決められ、駆け足のような走り方だったようだ。古い挿絵にはハイカラな馬車を走らせているが、そうだったものか。

一九一〇年八月一八日の競馬会は「桧山爾志二郡有志競馬会」で、役員には会長小黒嘉右衛門、副会長松沢伊八、顧問藤枝貞麿、寺川半之亟、審査委員長夏原律太郎など町の名士が顔を揃えている。料亭も遊廓も二階窓を開け放してやんやの喝采で応援の奇声をはりあげ、酒に酔い興奮のあまり争いもあったろうが、花街の通りに馬を走らせ事故もなかったものかと思う。

大正年代に入ると北に去ったニシンを追うように、芸者衆も小樽、余市方面に出てゆく者もいたが、新地花街には五〇人以上の芸者衆が残って芸の精進は変わることがなかった。

大正二年（一九一三）江差時事新聞などによれば、新地の料亭十九軒とある。

松屋―牧文四郎、五月楼―岸田宇三郎、五色楼―山口総七、「三甲子楼―樋川イサ、「川晴月庵―横川作助、凱旋亭―菊地久間太郎、𠆢心―石田忠吉、高砂家―高野小次郎、「三尾張家―関富造、#家―堂田嘉八、成田家―成田トミ、蔦家―蔦家金次郎、金森庵―江口重次郎、久カギ―宮川宗七、金万楼―金子光次、ヤマ森―森田コマ、福喜楼―福永きさ、入桝―竹谷フヨ、石田家―石田朝之丞、他に、一九堂〈とりや、イ印、瀬下、小野屋〈安十、東京庵があった。

妓楼貸座敷は○千関寺、𠆢中曙楼、吉川楼、二葉楼の四軒に減り、娼妓二十名、芸妓は半玉を含めて五十名となっている。

新地で最後まで店を出していた料亭亼二甲子楼の主人樋川長司は江戸っ子、戊辰戦争で進駐してきた官軍方の軍楽隊士だったが、江差の芸者に惚れ込んで居残り、明治一七年（一八八四）に甲子楼を開店したという。歌舞伎役者でも江差芸者に惚れ込んで住み着いたと言うから、器量よしの芸達者、人柄もよく魅力を兼ね備えた芸者がいたのだろう。

昔は粋な親方衆もいたもので、道議会議員でもあった廻漕店主大島重一郎は二三歳から新地に通い始め、六〇歳の晩年にいたるまで新地に遊ばない日は一夜もなかったという。氏は還暦祝いを┐二甲子楼で催し、「このカネニを私の家と思って朝までやってくれ」とあいさつ、┐二主人樋川もまた「カネニの屋敷は大島さん贔屓あってのものだから、万分の一の恩返しにしてほしい」と参会者六〇数名の席代を辞退したと言う両人の人柄が話題を呼んだ。

芸者衆は毎月、長唄、常磐津、義太夫、端唄から追分など姐さん芸者の立ち合いで温習会が行われ、年中行事の五月一七日招魂祭には松の岱高台に仮舞台を設け、追分踊りや手踊りが披露された。七月一一日一二日姥神神宮渡御祭には新地花街社中の車切山を手古舞姿の半玉が綱を引き、山車の上では芸者衆が太鼓三味線のお囃子を弾く

花街芸者衆の園遊会（江差教育委員会提供）

花街芸者の野外舞台（江差教育委員会提供）

粋な行列が人気だった。

春秋には江差座の舞台で、芸者芝居や踊りが上演された。出演する芸者衆は、小道具衣装などの調達に心付けを怠らず、自分の芸を磨き得意の持ち芸で舞台を飾った。この舞台には芸者衆だけではなく、商家の旦那衆も出演して粋な芸を披露した。旦那衆にはそれぞれ持ち芸があって、芝居は板谷喜市収入役、精美堂看板店主両角精一、新地の桜井栄蔵、義太夫では森本時計店主人、平田茂兵湯主人、奥寺卯之吉、筒井勘次郎、踊りは銀行員や紳士連中で川端武右衛門、関川茂平の踊りも絶品だったという。

（『江差花柳歳事記』簗瀬仁右衛門著）より

昭和の花街

明治末以来の不振は、昭和年代になっても停滞から抜け出せず、花街の料亭や妓楼も閉店に追い込まれる店もあったが、古くから受け継いだ芸文化を支えに花街の灯を消すことなく華やぎの風情をつないでいた。

昭和年代の料亭は凱旋亭、曙楼、堂田、高砂亭、喜楽、マルミ、蔦屋、松月、甲子楼、金万楼の一〇店ほどで、遊里の遊郭は二葉楼だけとなった。芸者衆は三〇名あまり、大部分は店抱え料亭に所属し、見番登録の自前は一〇人ほどだった。昭和年代になってからは芸者衆もニシン景気を追うように小樽、札幌と都市に進出し、戦時中には料亭も姿を消していった。

町の不振にもかかわらず往年に集積された花街文化は、新地花街界隈に新たなカフェバーへと転身しながら、生き残りの道を辿って行った。カフェとして出店したのは入船、キング、ダイヤ、ナカヤマ、ボンボン、ミヤコ、マルコ、喜楽久、江差会館、大黒屋などが料亭や貸座敷から入り替わっている。

どこのカフェも若い女の女給数人置いて客をもてなした。一方キングや喜楽久のように芸者の置屋を兼ねている店もあった。

新地交差点のカフェ入船は筒井勘次郎の経営で店主の没後、娘婿の正吉が受け継いだ。隣の「キング」は店主浜谷長吉で、娘たちが芸者で置屋もかねていた。「喜楽久」も女将が養女の芸者を数人抱え料亭も兼ねていた。「江差会館」は新地花街を支配した料亭五月楼の後で店主が変わり戦後パチンコ店にかわる。大通りの向い「マルコ」は芸者の姉石川某が店主、「大黒屋」は田畑勝蔵が昭和一一年に開業、女給四、五人を二階に同居させて経営した。

昭和一二年（一九三七）日支事変に始まる戦争が一九四一年には太平洋戦争へと拡大し、軍国主義に強いられた生活は「贅沢は敵だ」とばかり、盛り場や遊芸は極度の制約で休業の羽目に追い込まれた。芸者衆も工場に動員され、料亭の接客も派手な衣装は禁じられもんぺ姿だったという。酒や飲食物も統制で入手できず、営業用の特別配給も名目ばかり、闇ルートで商売を喰いつがなければならなかった。花街で料亭を続けたのは、松月、㈢甲子楼、堂田のそばと料理店、㋯森野の四店、遊郭は二葉楼

新地花街通り　昭和11年　（江差教育委員会提供）

だけだった。
「料亭も商売にならなかったから、芸者に部屋を貸してしのいでいました」
甲子楼から出ていた芸者小信が後に語っていた。

戦後料亭や飲食店が復活したのは一九五五年ころからで、細々と花街の命運を担ってきたのだった。やがていち早く料亭の開店に取り組んだのは、松月と⌈三甲子楼の二店と遊郭は二葉楼で、三店が並べて花街を復活した。

料亭松月の女将関寺キリは、小柄できりっとした姿勢は料亭の女将の風格をそなえ、女手一つで娘貞子を芸者に仕込み、伝統の花街料亭を支え一九七八年女将の生涯を終えた。

⌈三甲子楼の主人樋川長司は、江差の芸者に惚れ込んで居残り明治一七年（一八八四）料亭を開業、戦後まで店を続けていたが、主人長司がなくなってから人手にわたり、間もなく廃業し、門かぶりの松だけが駐車場の片隅に残されていたがそれも消えた。

新地芸者としては、松月では貞子、的丸、君春、とし子。⌈三甲子楼は三福、小豊、甚五郎、千代菊、小菊、小信が花街の最後を飾った。

戦後細々と営業を続けていた花街料亭も時の移り変わりに伴ってやがて姿を消していく運命にあった。僅かに残った芸者も年老いて花街から姿が消して行ったが、花街の芸文化が消え去ったわけではない。やがて花街で受け継がれた芸文化が、伝統芸能として復活する時を迎えることになる。

ラジオ、テレビの大衆化にともなって、昭和三五年（一九六〇）代には地域の伝統芸能が脚光を浴びメディアが挙って取材するようになった。江差追分をはじめ数ある伝統芸能は江差が独占しているほどで、一躍注目された。芸能出演に欠かせないのが三味線で、名妓の芸が再認識されたのだった。

伝統芸能の三味線伴奏を担うことになったのは、花街芸者の近江タキ女（芸名小仙）と久保キク女（芸名小信）で、老いた名妓の二人は生涯かけて芸に生き抜いた花街最後の芸者であった。

白髪を束ねた柔和な面差しで三味線を弾くタキ女の姿が追分の舞台でひときわ人目を惹いた。いつしか「おばあちゃんの追分三味線」と言われ、追分の舞台に欠かせない存在になった。

タキ女は明治四二年（一九〇九）江差津花町の廻船問屋の商家で生まれ育つ。当時女の子は芸事を習う習慣があって、七歳から三味線を習い始め、学校を終えると函館に修業に出て二二歳で芸者小仙で一本立ち、江差の料亭「高砂亭」で座敷をつとめた。二六歳で追分狂人と言われた近江八声師と結婚、追分一筋に狂奔する夫を援け「追分おしどり夫婦」と言われた。座敷でうたわれた追分三味線は三下がり調子であったが、タキ女は先輩たちの弾き手を受け継ぎながら二上がり調子を定着させた。「歌い手に歌いやすい追分節独特のリズム感を弾く音色」は財産と讃えられ、受け継がれている。

年輪を重ねる毎に舞台に漂う品格は美しく、雨の中も吹雪の中も声がかかれば老齢をいとわず駈けつけた。一年前不治の病を宣告されても、病魔の苦痛も悩みも訴えることなく、ひたすら三味線を弾き続け、平成八年一二月八八歳の生涯を終える。故人を弔う通夜の遺影に愛弟子たちの三味線で別れの追分合唱が供えられた。

泣いたとてどうせ行く人やらねばならぬ
せめて波風おだやかに

江差の町では女の子は芸者に男の子は教師に育てるという風習が古くから暮らしに根付いていた。

花街最後の江差芸者・近江タキ（小仙）左と久保キク（小信）

大正七年（一九一八）生まれの久保キク女は町の生活慣習で五、六歳のころから師匠について稽古に通い芸を身につけた。小学校を終えると新地花街の芸者見習いで先輩芸者に仕込まれ、芸者小信と一本立ちしたのは一八歳だった。

新地花街には料亭、妓楼（遊郭）が軒を連ね芸の見識を身につけた名妓と言われる姐さん芸者が花街を取り仕切っている時代であった。見習いでは「奴《やっこ》」と半玉名を名付けられ女将さんから座敷の作法を仕込まれ、姐さん芸者からは三味線、唄踊りの芸を叩き込まれ使い走りに明け暮れる日々であった。

芸者の稼ぎは線香代で、最初一時間三本、一本五〇銭で二、三〇本くらいをつとめる。人気芸者はあちこちの料亭から声がかかり、華やかな仇姿が花街通りを往来し、三味線の爪弾きが絶えなかった。

花街の華やかな賑わいも、戦争が激しくになるにつれて「贅沢は敵だ」という風潮が支配、芸者衆も小樽、札幌の都市に稼ぎを求めて流れた。若手芸者小信（キク女）も姐さん芸者を頼りに札幌ススキノ見番から座敷を務めるようになった。戦後、道都札幌の繁華街の復活は目覚ましくススキノネオン街でも高級料亭は別格で、芸を極めた江差芸者は、政財界や芸能界の粋な客筋の人気で評判を高めていた。小信は芸能界でも著名な森繁久弥さんから来札の都度「姐さんの小唄はいいね」と声をかけられることが誇りだった。

芸者家業を終え余生を江差で送ろうと帰ってきて驚いた。追分会館で郷土芸能が上演され、小仙（タキ女）姐さんがバチさばきも鮮やかに、芸の新境地で生き生きと舞台に立っているではないかー。わたしもああいう生き方ができないだろうかと心がざわついた。

江差は芸能文化の町だった。追分会館の「江差の古い唄をたずねて」企画コンサートに出番がきて三味線の弾き語りで座敷唄を披露した。老齢とは思えない艶のある唄に聴衆は聞き惚れた。

「失われた花街の雰囲気を復活したいから座敷唄お願いします」花街を楽しもうという仲間が集う座敷に声がかかる。小唄や三味線を習いたいというグループで稽古を始めるようにもなった。小仙姐さんと一緒に芸能の舞台も務め、平成一四年（二〇〇二）八五歳の生涯を終えるまで花街の芸を生き抜いた。

戦時中は休業せざるを得なかったカフェバーも次々に店を始めるようになる。函館や札幌の都市ではキャバレーが人気で社交ダンスが流行の先端といわれていたが、江差の若者たちもダンスグループをたちあげ、カフェ入船がダンスホールに転用された。当時グループ会員だった高橋広が語る。

「昭和二二、三年ごろだったが、函館からダンス教師を呼んでワルツとかタンゴの踊りを基本から習ったものです。会員が五〇人くらいでみんな熱心でした。時々上ノ国大崎から進駐軍アメリカ兵も来てましたよ」

昭和三七年（一九六二）に入船は映画館「ニューセンター」に改築転業した。当時のカフェ出店は次の通り。

アゲン、入船、キング、喜楽久、みどり、マルコ、ホームラン、酒蔵、酒道場、大黒屋、渚、福よし、ロン、など一三店に及んだ。

一九六〇年ころから景気が上向き始め、函館、札幌の都市ではキャバレーやクラブなど高級志向のバーが人気を集めていた。その傾向を追うように江差の繁華街でも、ホステスの女性を抱えてホールを備えたクラブ志向の店ができてゆく。最初のクラブは新地大通りのバーアゲンと新地裏通りに出店したキャンドルであった。ダンスのできるホールを備え、若いホステス一〇人以上を抱え高級志向で売り出した。

バーアゲンは料亭が並ぶ跡地という好条件で開店以来人気を呼んでいた。一方キャンドルは新地裏の畑地に新築して開業した新人の出店であった。店主の村田松三郎は函館のキャバレーで修業、そこで働いていた娘を連れてホールを備えた店を新築した。昭和三六年に開店ホステスも大勢抱え商売も順調だった。

「主人の松三郎は店を持つのが夢だったんです。店も繁盛してましたし、三年後には二階を増築して宴会も始めようと、改築中に倒れて急逝されてしまい、わたしは残されてこの店をやってきました」一緒に来たという若いママは、穏やかな感じの美人だと評判だった。多いときは二〇人を越えるホステスをかかえ、寝る間もないほど働いたという。

一九六〇年ころになると戦後の復興景気が好調で、新地花街周辺に「スナック」という新しいタイプの店が次々に開業するようになった。バブル景気で、飲食店で修業経験したバーテンたちが開業できる時代だった。その風潮で高級なクラブ形式の店も開店した。キャンドルで働いていた瀬ノ田徳雄夫妻が、飯田ビルの地下に「メトロ」というクラブを開店し、その二階には裏通りでスナックを出していた佐藤健三が「楡」という高級クラブを開店した。函館にも劣らない本格派のクラブだった。経済成長期の波に乗って、高級感が人気を呼び客の絶えることがなかった。新地花街周辺にはスナックやクラブバーなどの飲食店が集中し四八店に及び、さらに鮨屋、焼き肉、ラーメンなど一〇店以上をかぞえる。

一九六〇年～七〇年代飲食店バアーは次の通り

新地大通り―アゲン・イーグル・ゴールド・ホームラン・マルコ・キング・助六・喜楽久・入船・富士・バッカス・磯舟・サンファン・【飯田ビル】楡・アルカデア・メトロ【堀内ビル】サントロッペほか二店　一九店

新地裏町―キャンドル・輪楽・渚ビル4店・櫓・お多福・やま本・琶麗粋・パートナ・ヒロ・古都・山茶花・重役室・雅・ロン・やりくり・【赤石ビル―末広・花もみじ】　二一店

茂尻小路―ポナペテー・よしどり・福よし・竹栄・美夢・繁次郎・セリアン・阿比瑠・大都会　九店

江差町は、人口一万人以下の地方の町としては飲食店の数が特段に多い。それは江戸時代からの集積した花街文化の影響によるもので、道内地方の町では見られない数である。商業経営と店舗の近代化にしても飲食業が最も先駆的であったことも注目されるだろう。

昔の江差港は別として昭和年代では新しい産業の発展を見ることもなく、北海道桧山支庁の所在地で各種行政機関とそれにかかわる民間会社が経済活動を担ってきた。いわゆるサラリーマン経済の町で、好況、不況左右されることも少なかったが、水商売の飲食店には浮き沈みのあったことが窺える。

盛り場というのは町の盛衰を物語る舞台である。江差も新地花街の盛り場が町の活力を支えてきたことに変わりはない。

昭和時代から刻の移り変わりを見れば。花街が消え去る運命をたどるなかで伝統芸能が復活し、更に花街が受け継いだ追分節が、我が国民謡界の頂点を極めるまでに至ったことは驚異というほかない。

北国の小さな港町がどのようにしてこれほどの民謡文化を歌い継いで来たのか…。江差追分に心酔して全国から来訪する人々に出会い、その情念に刺激されて心を惹きつける謎を追い続けた。

追分節の真髄を歌い上げた青坂満師匠は「先人の唄には風土と暮らしの色が歌いこまれている。それが民族の心に触れて取りつかれるのだろう」という。

追分節は北前船の船乗りたちが北陸地方の唄を伝えたものだというが、江差港では花街や浜小屋の遊里で自由に歌われたものだった。富裕商家贔屓の料亭、妓楼とともに雇漁夫や庶民層相手の浜小屋という遊里が繁栄し、芸文化が庶民生活に根付いて独自の文化を生み出したのだろう。

昭和六一年（一九八六）江差の若者たちが、淡路島で高田屋嘉兵衛の持船辰悦丸の復元を聞きつけて、再現した往年の日本海回航イベントも新たな伝統文化の取り組みであった。淡路島から瀬戸内海、日本海を経て江差港まで二五〇〇キロ、二〇港の寄港地で展開されたイベントそのものが伝統文化の再現であった。江差港では、江戸時代の浜小屋茶屋がふ頭に出店、沖の口奉行に扮装した町長や幹部、青坂辰悦丸船頭に続いて、江差芸者衆の花魁《おいらん》道中が華やかに市中を巡行、北前文化の再生に町中が湧いた。入港から数日の来遊客は二〇万人を数え、街に人波があふれ商店の店先から商品が売り切れるパニックを引き起こしたほどの異常な賑わいであった。

北前文化の再生意欲が、やがて北海道の政策プロジェクトと結びついて、「歴史を生かす町並み整備事業」へと進展、紆余曲折を経ながら二〇〇四年廻船問屋街の「いにしえ街道」一・一キロの街並みが再現された。歴まち商店街では町並みを活性化しようと、江戸時代の「花嫁行列」や一〇〇組以上の雛人形を展示する「北前の雛語り」など恒例行事を定着させ盛り上げている。

古い時代の姥神神宮渡御祭やかもめ島まつりの神事に加えて、伝統文化を継承する新たな取り組みが、次々と発生している。春一番のかもめ島まつりには新作の「追分ソーラン音頭」「江差音頭」の千人パレードの唄踊りが全町参加で花街から港を目指して舞い踊る。

更に高校生たちは文化祭や体育祭に「追分ソーラン踊り」を立ち上げ、追分踊り衣装で伝統文化を誇りに身に着けようと取り組んでいる。冬には北西から襲来する吹雪を逆手に一九八五年「たば風の祭典」で風祭りを立ち上げた。

これらはいずれも北前文化や花街の芸文化から受け継がれ、町民の意欲と創意から再現されたものに違いない。時代の移り変わりに即して伝統文化が生まれ変わっているように思う。

江差の伝統芸能と生活に根差した文化は、町の活力として息づいている。今社会の動向をみれば、経済本位の政策は地方格差の進行で人口減少に歯止めがかからず景気は低迷している。町民が文化を意識することによって、個性的な活力を創造できるのではないか。

江差が受け継いできた文化は経済力で買えない、近代科学で作れるものでもない。

江差芸者衆の花魁《おいらん》道中（仮装）

いにしえ街道の花嫁行列

高校生の追分ソーラン踊りパレード

秘められている活力を活かすことによって、個性豊かな町として輝けるであろう。

江差花街略年表

年代	歴史的要因		花街の形成推移	伝統芸能
１４４２年（嘉吉２）	和人蝦夷地渡来 下国安東一族			
１５９０年（天正18）	松前藩蝦夷地支配			
１５９６年（慶長１）	檜山番所上ノ国設置 ヒバ山伐採藩財政を賄う			
１６０４年（慶長９）	松前慶広徳川家康の黒印状下付			
１６３０年（寛永７）	松前、江差、箱館３港に沖の口番所を置く　江差廻船問屋１３店			
１６７８年（延宝１）	檜山番所江差に移る			南部杣夫「五勝手組」入山五勝手鹿子舞伝承
１７１７年（享保２）	松前３港の入船 江差７００松前３００箱館３００			
１７１８年（享保３）			花街の発生 切石坂・影ノ町に飲食業開業	
１７５３年（宝暦３）	「松前江差屏風」 松前藩絵師小玉貞良描く	浜小屋		

1777年（安永6）	追いニシン多く、奥場所拡大	切石・影ノ町・		
1789年（寛政年間）				菅江真澄来遊記・漁師の唄が追分かと思考 琵琶師佐之市来遊
1807年（文化4）			津花、姥神前浜に浜小屋出店 浜小屋100店遊女300人賑わう	
1818年（文政1）	松前3港の戸数 江差20000福山30000 箱館10000戸	源大夫町・浜小屋	江差上町に伊達屋、栖原屋花街造成 畑地16500㎡茶屋170棟 芝居小屋、酒蔵「源大夫町」という	江差に謙良節流行す（1821）
1830年（天保年間）				「天保問屋荷揚唄」歌詞に「追分はじめは佐之市坊主」あり追分祖師となる
1843年（天保14）		新地花街・浜小屋	賢光山麓に新地花街造成 大通り延長200メートル幅13メートル 地割り32区画 茶屋頭取安宅猪兵衛、世話人岡本与左衛門 料亭、茶屋、妓楼、劇場32店 移転（1846）	「石州温泉津民謡書留」松前歌7句筆録、船頭嘉右衛門

年代	歴史的要因		花街の形成推移	伝統芸能
１８６７年（慶應３）	旧幕府軍艦開陽丸江差沖に座礁（１８６７）			追分踊り振付け歌舞伎役者市川弁之助
１８６８年（明治年代）	開拓使支所桧山爾志郡役所設置（１８７３）北海道開拓使設置（１８６９）沖の口役所海官所に改め幌泉、寿都、手宮に設置。問屋商権変換	浜小屋・新地花街	遊郭公認許可（１８７２）新地見番発足取締小桝清兵衛（１８８６）浜小屋、影の町遊里が新地裏町貸座敷に集約（１８９２）新地戸数１６８戸裏町１０１戸・料亭17軒、妓楼13軒娼妓３５～７０名（１９０１）新地大通りで「江差競馬大会」開催（１９８８）	追分名手山岸栄八北新町に在住（１８６９）江差三下り踊り「道行振付」中村梅玉丈（１８７０）村田弥六・芸者里菊より浜小屋節伝授（１８７６）平野源三郎・小桝イク女より追分伝授（１８８４）追分節各派協議統一。七声七節二声上げ「正調江差追分」（１９０６）平野源三郎「江差追分研究会」発足（１９１１）江差追分東京遠征公演（１９１２）
１９１３年（大正年代）		新地花街	新地料亭19軒妓楼貸座敷４軒芸者50名娼妓20名（１９１３）	江差沖揚音頭を江差実業青年学校が演出構成（１９２０ころ）

1926年 （昭和年代）
江差追分会会長に町長選任（1935） 国鉄江差線開通（1936） 早坂文雄「江差追分交響曲」作曲（1936） 日本民謡協会発足（1950） 江差追分会館オープン（1982） 復元北前船辰悦丸江差港まで日本海2500キロ回航再現（1987）
クラブ・スナック
昭和10年代料亭5軒　妓楼1軒 カフェ10軒〈1935〉 昭和19年江差見番組合廃止〈1944〉 昭和50年代料亭2軒クラブ・スナック・居酒屋48店芸者10名〈1975〉
江差追分会本部記念碑建立新地派〈1932〉 佐之市木碑建立・詰木石派（1935）石碑再建（1955） 江差餅搗きばやし保存会発足（1930ころ） 「江差追分全国大会」発足（1963） 江差追分・沖揚音頭・五勝手鹿子舞北海道民俗文化財指定（1977） 江差三下り・餅搗きばやし道民俗文化財指定（1982） 世界追分祭【追分メロディ唄】6か国参加（1990） 江差追分節の里歌碑建立（2004）

—あとがき—

江差追分節は不思議な唄である。

北陸の港町で歌われていた唄を江戸時代に北前船の船乗りたちが伝えたというが、江差港で歌い継がれて、民族の心に共感し、わが国民謡界の頂点に位するとまで言われ全国の人々を魅了している。

これほどの唄がどうして北国の小さな港町で歌い継がれてきたのか—。民謡ファンだけではない。音楽家、有識者の著名人から庶民層まで、すべての民族の心を惹きつける曲調はこの港町でどのように磨かれたのか。

それほど高度な曲調を創り出す芸文化の風土があったのだろうか。今の追分節は花街の師匠や芸者衆が伝えたという。花街を支えたのは廻船問屋や網元の旦那衆だが、それだけのものではない。江差港には出稼ぎヤン衆や旅人など相手の浜小屋遊里が繁盛し、庶民階層の暮らしに芸文化が根付く背景があったのではないか。

江差追分の魅力は、北国の風土とそこで生きた暮らしの生き様が歌い込まれているからだという。暮らしに根付いた芸文化が風土と暮らしを歌い上げたに違いない。

本場の追分節を求める人々の情念に刺激されて、その謎を追い求める羽目にとらわれた。追分節を歌おうと思ったわけではない。民謡や物書きの知識があったわけでもない。この唄になにが秘められているのか、追分に取りつかれた人々を追い始めた。

自分なりにこの町の文化を理解しようと、手探りの執筆で花街の経緯をたどり、計り知れない文化の活力を知らされた。時代の移り変わりで、北前船が去り、花街も姿を消したが、生活に根付いた芸文化が今も息づいている。

花街や遊里は裏社会と言われ町の歴史から埋もれているが、伝統文化の背景を担っていることを忘れてはならない。その役割を夢見て出版を志したつもりでいる。

今地方格差の進行に歯止めを見いだせない世相で、先人から受け継がれた文化の在り方が問われているように思う。自己流の思考ではあるが、文化を認識し創意することによって、金銭で得られない心豊かな幸せを共有できる町になることを願っている。

出版に当たっては室谷元男氏、池ノ上真一氏（札幌国際大教授）の助言が決め手となり、更に編集では文芸社須永賢、竹内明子両氏のお力添えに感謝いたします。

写真資料提供協力

江差町教育委員会・江差追分会館・函館市中央図書館・姥神大神宮
提供以外の写真は著者撮影

参考文献

江差　　川竹駒吉著
江差町史　江差町発行
江差花柳歳時記　簗瀬仁右衛門著
函館風俗史　神山茂著
西蝦夷日誌　松浦武四郎著
北海道及花街　渡辺一英著
小樽花柳史　菱田録弥著

北海道遊里史考　小寺平吉著
文芸・江さし草創刊特集記念号（８０号、１００号、１２０号）
たば風に唄う　松村隆著

著者プロフィール

松村 隆（まつむら たかし）

1926年北海道桧山地方に生まれる。

自治体職を経て、1985年江差追分会館館長。

1987年録音制作会社創立代表取締役。

1993年文芸誌「江さし草」編集発行人。

地域の風土、文化をライフワークに著作活動。

著書に「追分ひと模様」2000年北海道新聞いさり火文学賞、写真集「追分の陰影・江差」第11回日本自費出版文化部門賞「たば風に唄う」2006年、「追分人間模様」2012年第5回全国新聞社出版協ふるさと出版大賞ほか多数。

江差花街風土記 ―北前船文化の残影―

2021年1月15日　初版第1刷発行
2023年2月28日　初版第3刷発行

著　者　松村 隆
発行者　瓜谷 綱延
発行所　株式会社文芸社
〒160-0022　東京都新宿区新宿1－10－1
電話　03-5369-3060（代表）
03-5369-2299（販売）

印　刷　株式会社文芸社
製本所　株式会社MOTOMURA

©MATSUMURA Takashi 2021 Printed in Japan
乱丁本・落丁本はお手数ですが小社販売部宛にお送りください。

送料小社負担にてお取り替えいたします。

本書の一部、あるいは全部を無断で複写・複製・転載・放映、データ配信することは、法律で認められた場合を除き、著作権の侵害となります。

ISBN978-4-286-22255-4